essentials

essentials liefern aktuelles Wissen in konzentrierter Form. Die Essenz dessen, worauf es als „State-of-the-Art" in der gegenwärtigen Fachdiskussion oder in der Praxis ankommt. *essentials* informieren schnell, unkompliziert und verständlich

- als Einführung in ein aktuelles Thema aus Ihrem Fachgebiet
- als Einstieg in ein für Sie noch unbekanntes Themenfeld
- als Einblick, um zum Thema mitreden zu können

Die Bücher in elektronischer und gedruckter Form bringen das Expertenwissen von Springer-Fachautoren kompakt zur Darstellung. Sie sind besonders für die Nutzung als eBook auf Tablet-PCs, eBook-Readern und Smartphones geeignet. *essentials:* Wissensbausteine aus den Wirtschafts-, Sozial- und Geisteswissenschaften, aus Technik und Naturwissenschaften sowie aus Medizin, Psychologie und Gesundheitsberufen. Von renommierten Autoren aller Springer-Verlagsmarken.

Weitere Bände in der Reihe http://www.springer.com/series/13088

Reinhard Ematinger

Von der Industrie 4.0 zum Geschäftsmodell 4.0

Chancen der digitalen Transformation

Reinhard Ematinger
Heidelberg, Deutschland

ISSN 2197-6708   ISSN 2197-6716   (electronic)
essentials
ISBN 978-3-658-19473-4   ISBN 978-3-658-19474-1   (eBook)
https://doi.org/10.1007/978-3-658-19474-1

Die Deutsche Nationalbibliothek verzeichnet diese Publikation in der Deutschen Nationalbiblio-
grafie; detaillierte bibliografische Daten sind im Internet über http://dnb.d-nb.de abrufbar.

Springer Gabler

Gedruckt auf säurefreiem und chlorfrei gebleichtem Papier

Springer Gabler ist Teil von Springer Nature
Die eingetragene Gesellschaft ist Springer Fachmedien Wiesbaden GmbH
Die Anschrift der Gesellschaft ist: Abraham-Lincoln-Str. 46, 65189 Wiesbaden, Germany

Was Sie in diesem *essential* finden können

- Wertvolle Impulse zum Nutzen der veränderten Spielregeln und zum Entdecken von Mustern für neue Geschäftsmodelle.
- Brauchbare Werkzeuge wie das *Business Model Canvas* zum Erstellen, Diskutieren und Testen von Geschäftsmodellen.
- Die Digitale Matrix, mit der Sie Entwicklungen der Industrie 4.0 für sich und Ihre guten Ideen ‚übersetzen' und nutzen.

Inhaltsverzeichnis

Über die Autoren

Text von Dr. Reinhard Ematinger Experte für Geschäftsmodellinnovation, Heidelberg, hoi@ematinger.com, www.ematinger.com.

Illustrationen von Diplom-Designerin Sandra Schulze Graphic Recorder und Illustratorin, Heidelberg, info@sandraschulze.com, www.sandraschulze.com.

Einleitung 1

Die Digitalisierung der Industrie eröffnet Unternehmen unterschiedlicher Branchen und Größen neue Chancen – und bringt auch neue Risiken mit sich: Es besteht die Chance, neue Geschäftsmodelle zu entwickeln und aus den Erfahrungen des bisherigen Business mit alten und neuen Kunden neue Umsätze zu generieren. Gleichzeitig besteht das Risiko, bei bisherigen Kunden den „Anschluss" zu verlieren, weil sich neue Wettbewerber mit attraktiveren Geschäftsmodellen und mit deutlich größerem Nutzen für ihre Kunden auf das Spielfeld begeben.

© Springer Fachmedien Wiesbaden GmbH 2018   1
R. Ematinger, *Von der Industrie 4.0 zum Geschäftsmodell 4.0,*
essentials, https://doi.org/10.1007/978-3-658-19474-1_1

Die Spielregeln haben sich verändert 2

Digitale Geschäftsmodelle verändern den Markt. Unternehmen, die es verpassen, sich den Spielregeln und technologischen Möglichkeiten anzupassen, verlieren Kunden und früher oder später möglicherweise ihr gesamtes bisheriges Business (s. Abb. 2.1).

Tatsache ist: In den nächsten Jahren werden wir eine spürbare Veränderung vieler Unternehmen und vieler traditioneller Geschäftsmodelle erleben. Veränderte Erwartungen der Privat- und Geschäftskunden und die Frage nach dem tatsächlichen Nutzen für Kunden und Lieferanten sorgen – Hand in Hand mit einem teils dramatischem technologischen Wandel – dafür, dass sich Unternehmen mit einer Reihe von Fragen beschäftigen müssen:

- die nach bislang unbekannten künftigen Ereignissen,
- die nach weiteren Umbrüchen, deren Auswirkung sie nicht einmal erahnen können,
- die nach neuen Wettbewerbern, die sie noch nicht identifiziert haben, und
- die nach weiteren Produkten und Services, die bereits jetzt ganze Industrien transformieren und das weiterhin tun werden.

© Springer Fachmedien Wiesbaden GmbH 2018
R. Ematinger, *Von der Industrie 4.0 zum Geschäftsmodell 4.0,*
essentials, https://doi.org/10.1007/978-3-658-19474-1_2

Abb. 2.1   Spielfeld und -regeln

Ein Blick in die Glaskugel 4.0

3

Dieser Abschnitt betrachtet fünf Entwicklungen, die das schwer greifbare Buzzword „Industrie 4.0" nicht nur ein wenig greifbarer werden lassen, sondern den grundlegenden Wandel bei der digitalen Integration in den Geschäftsalltag erst möglich machen. Kunden und Geschäftspartner erwarten, dass Fragen und Antworten rund um Industrie 4.0 weniger in Kompetenzzentren zentral abgearbeitet werden und dass sich mehr Rollen, Disziplinen und Funktionen für die Digitalisierung im Unternehmen zuständig fühlen. Auf dem Weg dorthin sind noch etliche Herausforderungen zu bewältigen.

3.1 Fakt zum Internet of Things

Intel zählt in seinem „A Guide to the Internet of Things: How Billions of Online Objects are Making the Web Wiser" satte 200 Mrd. intelligenter Objekte, von sehr kleinen Chips bis zu sehr großen Maschinen, die im Jahr 2020 drahtlos miteinander und mit uns kommunizieren werden (Intel 2015). Das macht, um die Zahl ein wenig anschaulicher zu machen, etwa 26 dieser intelligenten Objekte für jeden Erdbewohner. Die intelligenten Objekte werden die notwendigen Daten liefern, um Lagerbestände in Echtzeit zu bestimmen, Maschinen und Anlagen steuern, Kosten sparen und Leben retten. Intel bezieht sich auf das McKinsey Global Institute und die New York Times und beziffert die globale Wertschöpfung der Internet-of-Things-Technologie im Jahr 2025 auf mehr als sechs Billionen US\$ – das entspricht 6000 Mrd. US\$.

© Springer Fachmedien Wiesbaden GmbH 2018
R. Ematinger, *Von der Industrie 4.0 zum Geschäftsmodell 4.0,*
essentials, https://doi.org/10.1007/978-3-658-19474-1_3

3.2   Fakt zu Robotern

Der Einsatz von Robotern wird von 2016 bis 2030 um etwa 2000 % steigen. Das Nachrichtenportal Business Insider prognostiziert einen globalen Markt von etwa 190 Mrd. US$, was bedeutet, dass wir von einem riesigen Markt sprechen, der das Potenzial hat, uns Verbrauchern das Leben einfacher zu machen (Business Insider 2014). Auf dem Weg dorthin wird es mindestens drei ernsthafte Hürden geben:

- Erstens neigen wir dazu, allzu menschenähnliche Roboter bestenfalls seltsam zu finden,
- zweitens wird die verfügbare Technologie auch weiterhin sehr teuer sein und
- drittens sind Fragen rund um Privatsphäre und Schutz geistigen Eigentums nicht geklärt.

Ob und wann wir diese Hürden überwinden, wird die Entwicklung der nächsten Jahre zeigen. Spannende Initiativen wie der in Abb. 3.1 dargestellte 3-D-Druck einer Fußgängerbrücke aus Stahl in Amsterdam zeigen beispielsweise, wie mit Roboter-Unterstützung künftig effizient, preiswert und sicher konstruiert werden kann (von Schoenebeck 2015).

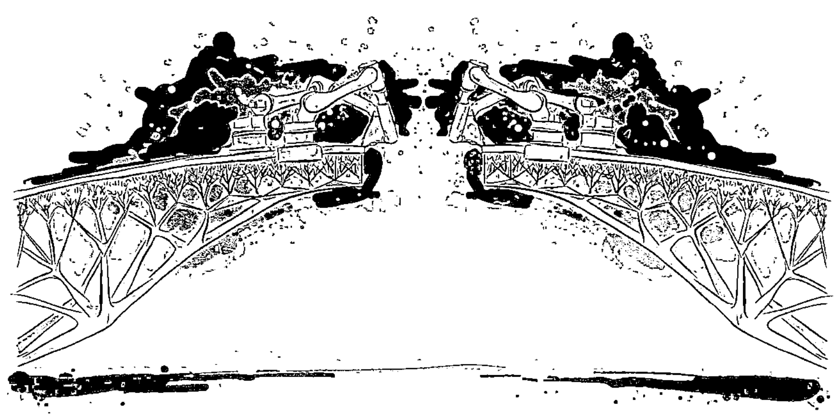

Abb. 3.1   Roboter drucken Brücke aus Stahl

3.3   Fakt zu Schnittstellen

Tom Goodwin betont im TechCrunch-Beitrag „The Battle is for the Customer Interface" die Wichtigkeit der Schnittstelle zwischen Angebot und Nachfrage (Goodwin 2015). Unternehmen wie twitter und Facebook bilden eine hauchdünne Schnittstelle zwischen Lieferanten und ihren Prozessen einerseits (also dort, wo die Kosten zu Hause sind) und einer unüberschaubaren Zahl an Kunden andererseits (dort, wo die Erlöse zu Hause sind). Unternehmen wie Tesla oder Nest hingegen trachten danach, die ständige Kontrolle über alle „Schichten" zu haben: Forschung, Entwicklung, Produktion, Marketing und Vertrieb. Das bietet alle Möglichkeiten, die Erlöse im Unternehmen zu halten, aber es ist deutlich schwieriger, das Angebot nachhaltig zu skalieren. Zeitungsverlage müssen schreiben, Fakten überprüfen, Anlagen und Papier einkaufen, bedrucken und ihre Produkte liefern. Plattformen wie Facebook hingegen bieten „nur" die Plattformen für ihre Nutzer, die eigene Inhalte schaffen, und Twitter verdient mit dem Link zur Seite eins der Zeitungen Geld.

3.4   Fakt zu Generationen

Während viele Arbeitgeber nach wie vor oft ratlos auf die Generation Y und ihre tatsächlichen und überlieferten Forderungen reagieren, bereiten sich Unternehmen auf die Generation Z, deren Mitglieder langsam in den Arbeitsmarkt eintreten, vor (Solis 2015). Diese von 1995 bis 2010 geborene Generation, der böse Zungen die Aufmerksamkeitsspanne eines Goldfisches – Jeremy Finch der Designfirma Altitude nennt das in seinem Bericht einen „8-Sekunden-Filter" – nachsagen, hat bereits die Fähigkeit entwickelt, enorme Mengen an Informationen zu filtern und zu sortieren (Finch 2015). Sie sucht nach Akzeptanz in sozialen Medien, hat jedoch ein feines Gespür dafür, ob und wann sich Aufmerksamkeit lohnt, und ist dann durchaus fokussiert und verbindlich (Zipkin 2015). Diese Generation wird sich zwischen zwei Stühlen befinden: zum einen brauchen sie soziale Medien, um Bestätigung zu finden und ihre persönliche Marke aufzubauen, zum anderen wollen sie sich differenzieren und nicht ausschließlich durch die Wahrnehmung im Netz definiert wissen (s. Abb. 3.2). Marken und Unternehmen, die dieses Spannungsfeld verstehen, werden als Arbeitgeber und Lieferanten attraktiv.

Abb. 3.2 Generation Z

3.5   Fakt zu Finanzierungen

Crowdfunding wird als Alternative oder Ergänzung zur klassischen Form der Geldbeschaffung bis 2030 um 200.000 % steigen, meint JT Ripton vom SAP Center for Business Insight (Ripton 2015). Gerade für kleine Unternehmen mit großen Ideen sind die schier endlosen Genehmigungsprozesse etablierter Banken und Venture-Kapital-Geber nicht die allerbeste Alternative, um sich zu finanzieren. Plattformen wie Kickstarter und Indiegogo machen es möglich, Geld von vielen Investoren zu beschaffen und dabei den gesamten Prozess selbst steuern zu können – mit dem erwünschten Nebeneffekt, enorme Reichweite in der Kommunikation der eigenen Idee und des Angebotes zu schaffen. Dabei ist die „Geschichte" hinter dem zu finanzierenden Angebot ein zentrales Element: Crowdfunding-Plattformen sind für gutes Storytelling wie geschaffen. Gute Verkäufer sind in der Lage, beinahe jedes bereits existierende Produkt oder jeden Service zu verkaufen. Tausende Einheiten eines noch nicht real existierenden Angebotes zu verkaufen, gelingt jedoch nur denen, die unsere Aufmerksamkeit und unser Interesse gewinnen, die uns inspirieren und uns auf eine spannende Reise einladen.

Warum wir ein neues Verständnis von Prozessen brauchen

4

Die Industrie 4.0 wird nichts weniger als eine Revolution der Geschäftsprozesse und Geschäftsmodelle möglich machen und die Interaktion von Mensch und IT wird sich in sich bereits jetzt deutlich abzeichnenden Industrie-4.0-Szenarien, entsprechend neuer interner und externer Prozesse, neu definieren. Mehr Verantwortung wird im Dirigieren und Orchestrieren der Abläufe, die nun in Echtzeit und Hand in Hand mit intelligenten Maschinen und Anlagen passieren, liegen. Ganze Prozesslandschaften verändern sich im Moment durch Digitalisierung und Vernetzung, und sie werden das auch künftig tun. Soweit die Theorie. Und die Praxis: Um mit neuen Konzepten und Werkzeugen erfolgreich zu sein und Potenziale tatsächlich zu heben, ist detailliertes Wissen um die eigenen aktuellen und möglichen künftigen unternehmensinternen Prozesse und die der Kunden und Lieferanten notwendig (IBM 2015).

Der Autor wählt dazu fünf in Abb. 4.1 skizzierte vielversprechende Muster, definiert sie, nennt Vorteile und Anwendungsbeispiele und fordert Sie auf, Ihre Gedanken zur ‚Übersetzung‘ dieser Muster in Ihr aktuelles und künftiges Angebot zu notieren. Die Kästen „Was bedeutet das für Sie?" in den folgenden Abschnitten machen die Ausführungen relevant für Ihr aktuelles und künftiges Angebot und unterstützen Sie mit passenden Fragen dabei, den Transfer in die Realität Ihrer Organisation zu schaffen.

4.1 Echtzeit-Prozesse

Sie machen die Optimierung der Interaktionen mit Geschäftspartnern möglich, indem sie riesige Mengen an Transaktionen gleichzeitig ablaufen lassen und eine Übersicht – beispielsweise der gesamten Logistikkette – zu jedem

© Springer Fachmedien Wiesbaden GmbH 2018

R. Ematinger, *Von der Industrie 4.0 zum Geschäftsmodell 4.0,*
essentials, https://doi.org/10.1007/978-3-658-19474-1_4

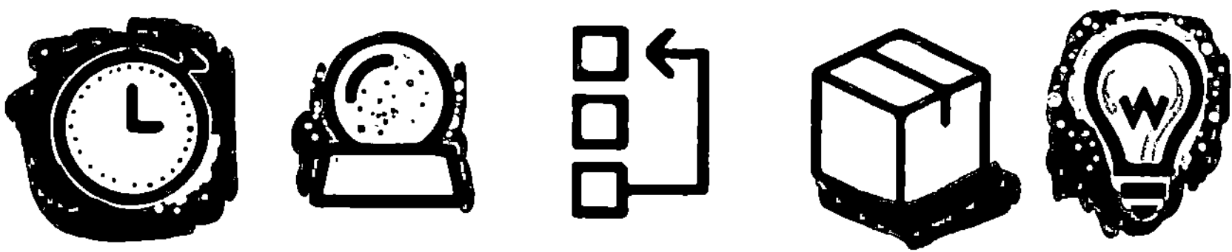

Abb. 4.1 Fünf Muster für Geschäftsprozesse

Zeitpunkt gewährleisten. Daten wie Lagerbestände, Transportzeiten oder Fertigungsstände sind ständig genauso aktuell verfügbar wie Analysen zur Profitabilität einzelner Produkte und Dienstleistungen. Die Vorteile der kürzeren Zyklen für Geschäftsprozesse liegen in einer besseren Nutzung von Anlagen, in schnelleren Abschlüssen von Geschäftsjahren oder in einer höheren Kundenbindung. Dem Motorradhersteller Harley-Davidson gelingt es, durch den Einsatz intelligenter Sensoren Produktionsdaten kontinuierlich zu analysieren und den Zeitbedarf einzelner Fertigungsschritte auf Zehntelsekunden genau zu bestimmen (Christ 2014). Die Maschinen der Fertigungsanlage kommunizieren miteinander und sind in der Lage, 1700 Produktvarianten auf einer Anlage zu fertigen. Damit ist Harley-Davidson in der Lage, deutlich mehr Produkte zu fertigen und die Lieferzeiten individueller Motorräder von bisher 21 Tagen auf nun sechs Stunden zu reduzieren (Mulholland 2015).

Was bedeutet das für Sie?
- Welche Ihrer Prozesse können Sie spürbar beschleunigen?
- Was davon bemerken (und honorieren) Ihre Kunden?
- Könnten Sie damit zusätzliche Kundensegmente erreichen?

4.2　Vorausschauende Prozesse

Sie unterstützen Unternehmen beim Treffen intelligenterer Entscheidungen, indem sie beispielsweise durch die Integration mit ERP-Systemen Zustände von Fertigungsanlagen mit Sensoren erfassen, mögliche Ausfälle bereits im Vorfeld erkennen und korrigierende Maßnahmen rechtzeitig einleiten können. Auch externe Daten von Geschäftspartnern, Statistikportalen, Wetterstationen,

Veranstaltungskalendern, Agenturen oder sozialen Medien sorgen dafür, dass Unternehmen präzise Bedarfsprognosen erstellen, Lagerbestände optimieren, maßgeschneiderte Angebote zum richtigen Zeitpunkt aussenden und Out-of-Stock-Raten reduzieren können. Die Vorteile liegen im effizienteren Einsatz von Ressourcen, höherer Produktivität und geringeren Kosten. Der Sportbekleidungshersteller Under Armour kann das Verhalten seiner Kunden voraussagen, indem er die individuellen Transaktionen der Käufer mit saisonalen, wöchentlichen und täglichen Mustern korreliert (Smiley 2016; Cao und Cortez 2016).

Was bedeutet das für Sie?
- Welche Abläufe könnten Sie in vorausschauende Prozesse umbauen?
- Was haben Ihre aktuellen und künftigen Kunden davon?
- Wie schätzen Sie initialen und laufenden Aufwand und Ihren Nutzen ein?

4.3   Schlanke Prozesse

Sie optimieren Geschäftsprozesse durch Reduktion von Prozessschritten oder Automatisierung, um einerseits den Anforderungen der Kunden nach individuellen und hochwertigen Produkten und Dienstleistungen und schneller Reaktion auf Bestellungen zu begegnen und um andererseits Versorgungsengpässe oder Verzögerungen zu vermeiden. Ziel ist unter anderem, direkte und indirekte Kosten kontinuierlich zu reduzieren, indem relevante Kostentreiber und Verschwendungen in den bisherigen Prozessen ermittelt werden. Die Vorteile einer Abstimmung der Abläufe in Beschaffung, Fertigung und Vertrieb liegen in gesteigerter Profitabilität und Lieferfähigkeit und in der langfristigen Sicherung des im Unternehmen vorhandenen Wissens. Das chilenische Bergbauunternehmen Codelco gründete 2003 eine Digital-Tochter, entwickelte eine Zukunftsvision für seine Betriebe und automatisierte im Rahmen der „Codelco 2.0"-Initiative seine vier Kupferminen. Fahrerlose Transporter, ferngesteuerter Abbau des Gesteins und Echtzeitinformation aller relevanter Daten sind die Ergebnisse der Initiative (Westermann et al. 2016).

> **Was bedeutet das für Sie?**
> - Welche internen Prozesse können Sie ohne großen Aufwand verschlanken?
> - Was haben Sie davon? Was haben Ihre Kunden davon?
> - Welche Kostenblöcke könnten Sie damit bis wann verringern?

4.4   Angereicherte Prozesse

Sie nutzen kontextbezogene Daten aus unterschiedlichen Quellen, um Abläufe zu optimieren, und bieten Nutzern unzählige Möglichkeiten, mit Unternehmen und Produkten zu interagieren. Lieferanten gewinnen mit interaktiven Inhalten wie Videos oder Spielen Einblicke in die Präferenzen ihrer Kunden und sind in der Lage, diese Erkenntnisse in maßgeschneiderte Kommunikation und Ideen für künftige Produkte umzusetzen. Die Vorteile liegen in der höheren Wahrscheinlichkeit, mit relevanten Angeboten aus Interessenten Kunden zu machen und in der Reduktion der Abwanderungen von Kunden. Das österreichische Unternehmen Swarovski bietet B2B-Kunden mehr als 15.000 Variationen seiner Kristalle und über 400.000 weitere Elemente an (Swarovski 2017). Mit üblichem Präsentationsmaterial ließ sich diese Vielfalt kaum darstellen: Bevor die „Crystal Collection"-App für Smartphones und Tablets vorgestellt wurde, waren nur etwa zehn Prozent der verfügbaren Kollektion für Kunden erlebbar. Die in Abb. 4.2 gezeigte App erlaubt es, jede erhältliche Produktvariante interaktiv zu zeigen, Verfügbarkeit und Lieferzeiten anzuzeigen und neue Produkte ohne Verzögerung anzubieten. Einblicke in die Präferenzen der B2B-Kunden können zur Entwicklung neuer Produkte genutzt werden.

> **Was bedeutet das für Sie?**
> - Welche Aktivitäten können Sie durch angereicherte Prozesse reduzieren?
> - Können Sie Zeit, beispielsweise im Produktdesign, sparen? Wie?
> - Können Sie so mehr Interessenten zu treuen Kunden machen?

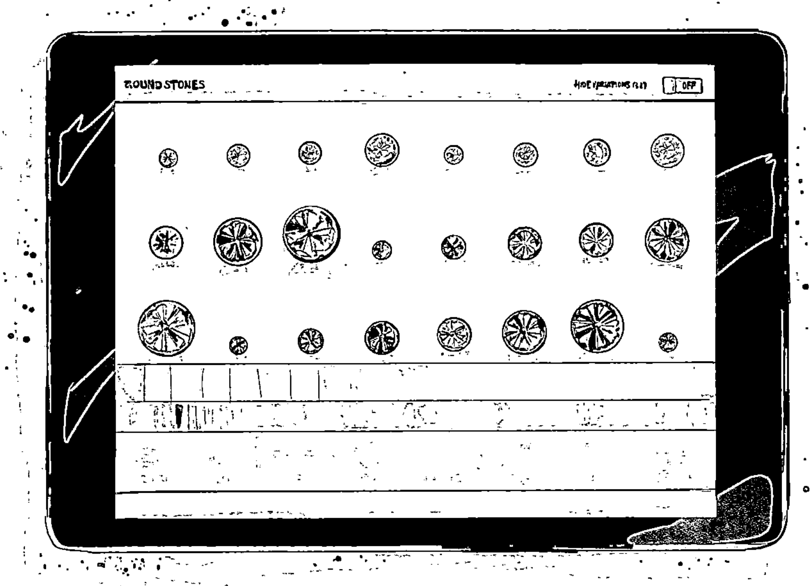

Abb. 4.2   Swarovskis „Crystal Collection"-App. (European Design 2017)

4.5   Selbstlernende Prozesse

Sie nutzen das „Denken" und „Lernen" von Maschinen, die auf einen Erfahrungs-
pool aus gesammelten Daten zurückgreifen, um selbstständig Entscheidungen zu
treffen und Abläufe anzupassen. Auch Muster im Verhalten von Kunden können
erkannt werden, um schneller maßgeschneiderte Angebote zu generieren und die
Wahrscheinlichkeit eines Kaufs zu erhöhen. Die Vorteile liegen in der Reduktion von Durchlaufzeiten in der Produktion und in der Steigerung der Einnahmen. Das Fraunhofer-Institut für Verfahrenstechnik und Verpackung entwickelt
ein selbstlernendes Automatisierungssystem zur effizienten Reinigung: Um bei
der Lebensmittelherstellung hohe hygienische Standards einzuhalten, müssen
Produktionsanlagen kontinuierlich überprüft und gereinigt werden, ohne sie zu
demontieren. Der Reinigungsprozess ist zwar gründlich, aber überdimensioniert,
er verbraucht zu viel Wasser, Reinigungsmittel und Zeit. Maschinen werden künftig erkennen, wie verschmutzt sie sind, und selbstständig entscheiden, wie viel
Wasser, Reinigungsmittel und Zeit zur Reinigung verwendet werden (Bargs-Stahl

2016). Mit diesem Verfahren werden die Produktionsanlagen hygienisch einwandfrei und gleichzeitig umweltschonend gereinigt und die Ausfallzeiten verkürzt.

Was bedeutet das für Sie?
- Welche Prozessschritte könnten Sie so sparen? Warum und wie?
- Könnten Sie so schnell auf sich ändernde Märkte reagieren?
- Akzeptieren Ihre Kunden Preise, die sich an der Nachfrage orientieren?

Warum wir ein neues Verständnis von Geschäftsmodellen brauchen

5

Tragfähige Geschäftsmodelle und inspirierender Kundennutzen sind der Schlüssel für einen langfristigen Erfolg eines Unternehmens: Unternehmerische Chancen in einer ungewisseren und komplexeren Wirtschaftswelt umzusetzen, ist ein entscheidender Wettbewerbsvorteil. Innovation, die sich lediglich auf Technik beschränkt, garantiert keinen Erfolg. Neue Produkte und Dienstleistungen sollten sinnvoll mit Geschäftsmodellen, die die Markteintrittsstrategien ebenso wie den Nutzen für wesentliche Kundensegmente definieren, gekoppelt werden.

Henry Chesbrough weist in seinem Beitrag zu den Grenzen und Chancen von Geschäftsmodellinnovationen darauf hin, dass der ökonomische Nutzen einer Technologie überschaubar bleibt, solange sie nicht durch ein funktionierendes Geschäftsmodell kommerzialisiert wird (Chesbrough 2010). Auch die Autoren der IBM CEO-Studie betonen, dass Führungskräfte in den letzten zehn Jahren beobachten mussten, wie die Digitalisierung und andere Trends manche Geschäftsmodelle obsolet machten. „Für CEOs bedeutet dies, dass sie ihr Portfolio, ihr Geschäftsmodell, ihre Arbeitsweise und lang gehegte Meinungen grundlegend verändern müssen. Sie müssen stärker berücksichtigen, was Kunden heute wichtig ist, und die Art und Weise der Wertschöpfung neu bewerten", schreiben die Autoren in ihrem Weckruf (IBM 2010). Die Ergebnisse der in 32 Branchen durchgeführten Studie zeigen, dass fast alle CEOs die Geschäftsmodelle ihrer Organisationen anpassen: 69 % der Befragten bestätigten, dass sie in den nächsten drei Jahren Anstrengungen in Richtung Geschäftsmodellinnovation unternehmen werden.

Um aktuellen und künftigen Bedrohungen zu begegnen und neue Erlösmodelle zu schaffen, müssen Unternehmen ihre Geschäftsmodelle (die deutlich schwerer zu kopieren sind als Produkte und Dienstleistungen, da sie unter anderem aus dem Nutzen für Kunden, wichtigen Ressourcen und einem einzigartigen

© Springer Fachmedien Wiesbaden GmbH 2018

R. Ematinger, *Von der Industrie 4.0 zum Geschäftsmodell 4.0,*
essentials, https://doi.org/10.1007/978-3-658-19474-1_5

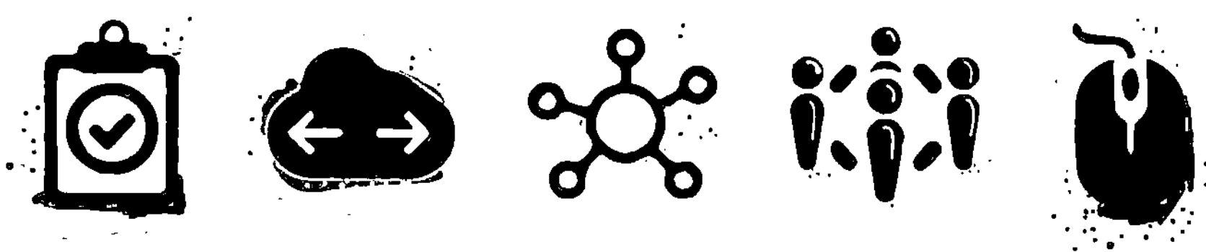

Abb. 5.1 Fünf Muster für Geschäftsmodelle

Ökosystem aus Kunden, Kunden von Kunden, Partnern und Lieferanten bestehen) nicht nur verstehen, sondern an die Realität anpassen, kommunizieren und implementieren.

Analog zu den Geschäftsprozessen im vorhergehenden Abschnitt wählt der Autor auch hier fünf in Abb. 5.1 dargestellte Muster von Geschäftsmodellen, definiert sie und präsentiert Beispiele für Anwendungen und Unternehmen. Notieren Sie auch hier gerne Ihre Gedanken zur ‚Übersetzung‘ der Muster in Ihr aktuelles und künftiges Angebot.

5.1   Verkauf von Resultaten statt Produkten

Unternehmen stellen die Nutzung ihrer Produkte oder damit erzielte Ergebnisse – wie Reduzierung der Total Cost of Ownership oder die geleisteten Betriebsstunden – in Rechnung. Klare Vereinbarungen zwischen Lieferanten und Kunden sowie eindeutige Definitionen der erzielbaren Resultate und deren Messung sind dazu notwendig.

Der Landmaschinenhersteller John Deere lässt sich alternativ für Einsatzstunden seiner Mähdrescher bezahlen, was dem Landwirt hohe Investitionen und die Wartung der Maschinen erspart (John Deere 2017). Auch Rolls-Royce stellt mit seinem „Power-by-the-hour"-Angebot Kunden wie Boeing und Airbus seit 1962 alternativ zu einzelnen Triebwerken die geflogenen Betriebsstunden in Rechnung (Rolls-Royce 2012). Die Flugzeugturbinen bleiben im Besitz des Unternehmens Rolls-Royce, das auch ihre Instandhaltung und Wartung übernimmt. Konstante Erlöse werden durch die Verrechnung von Flugstunden erzielt. So sind die bisher unterschiedlichen Interessen der für Entwicklung, Produktion und Service verantwortlichen Geschäftsbereiche nun in einem Ziel – möglichst wartungsarme Triebwerke anzubieten – vereint.

Was bedeutet das für Sie?
- Welche Ihrer Angebote könnten Sie nach Nutzung verrechnen?
- Was genau müssten Sie dazu tun? Wie groß wäre der Aufwand?
- Könnten Sie damit neue vielversprechenden Kunden gewinnen?

5.2   Überwindung bisheriger Branchengrenzen

Unternehmen expandieren mit ihren Angeboten in andere, teilweise völlig fremde Branchen. Oft basiert dieses Muster auf den Schlüsselressourcen und -aktivitäten eines Herstellers.

Das Beispiel Tesla mit seiner Powerwall – einem Akku für Privathaushalte, der durch den Einsatz von Solar- und Windkraft verursachte Schwankungen im Netz ausgleichen soll – zeigt das deutlich (Martin 2016). Das Tesla-Modell basiert zudem auf Allianzen und Zukäufen: Tesla übernahm im Sommer 2016 den Ökostrom-Hersteller Solarcity, um gemeinsam neben Elektroautos auch Solaranlagen und Batteriespeichersysteme herzustellen (Tesla Team 2016). Geplant ist, in eigenen Jahren auch elektrisch angetriebene Busse und Lastwagen sowie Mobilitätsdienstleistungen anzubieten.

Weitere neu in den Markt eingetretene Unternehmen wie Airbnb und Uber stellen den Status quo der jeweiligen Branche mit ihren etablierten Spielern infrage: Der brand-eins-Autor Thomas Ramge merkt in einem Artikel an, dass „Disruption Unterbrechung bedeutet, gemeint ist die Zerstörung traditioneller Geschäftsmodelle und Wertschöpfungsketten". Er benennt Steve Jobs und Apples iTunes Store als Vorbilder, da sie eine disruptive Innovation und die Expansion über bisherige Branchengrenzen hinweg besonders deutlich machen (Ramge 2015).

Was bedeutet das für Sie?
- Welche Branchengrenzen und -definitionen sind obsolet? Warum?
- In welche fremde Branche möchten Sie expandieren? Wer steht im Weg?
- Welche Partner brauchen Sie, um erste Schritte zu gehen? Wann?

5.3   Am Markt als Netzwerk agieren

Unternehmen nutzen das Wissen, die Ressourcen und die etablierten Ökosysteme ihrer Partner, um den Nutzen für ihre Kunden im Verbund zu steigern. Sie können sich – gemeinsame Qualitätsstandards und transparente Erlösmodelle vorausgesetzt – zugleich auf ihre eigene Expertise fokussieren und ihre Kompetenzen erweitern.

Ein spannendes Beispiel ist die 2001 gegründete Plattform Innocentive, mit der Erfindungen „ausgelagert" werden können (Innocentive 2017). Der Fokus der Plattform liegt auf komplexen wissenschaftlichen Fragestellungen, entsprechend anspruchsvoll sind die ausgeschriebenen Aufgaben für die mehr als 375.000 Forscher, Techniker und Designer. Der deutsche Kofferhersteller Rimowa will Geschäftsreisenden und Vielfliegern künftig lange Wartezeiten beim Check-in ihres Gepäcks und das Kleben von Papieranhängern ersparen. Das Unternehmen entwickelte zusammen mit Lufthansa, Airbus, T-Systems und Netronix das „Electronic Tag", mit dem Passagiere ihre Gepäckstücke bereits von Zuhause aus oder unterwegs per App einchecken können: Neben der Bordkarte erhalten die Passagiere auch die Gepäckdaten per App, die diese per Bluetooth vom Smartphone an den Koffer sendet. Ein Display am Koffer zeigt die gesendeten Informationen unmittelbar an und die so eingecheckten Gepäckstücke können am Flughafen auf das Band gestellt und automatisch zum Flugzeug transportiert werden (s. Abb. 5.2). Die Kooperation mit Lufthansa ist bereits gestartet, Kooperationen mit United, Condor, Eva Air und Thomas Cook sind in der Testphase (Lufthansa 2016).

- Welchen Mehrwert könnten Sie gemeinsam für alte und neue Kunden schaffen?
- Wen brauchen Sie dafür? Welche ersten Schritte wären dafür nötig?
- Welche neuen internen Ressourcen benötigen Sie dafür? Warum?

5.4   Verfügbarkeit statt Besitz

Unternehmen wie Uber, Airbnb, Meine Ernte und TaskRabbit agieren als Plattformen für Nachfrage und Angebot, ohne Fahrzeuge, Immobilien, Gemüsebeete oder Arbeitskraft tatsächlich zu besitzen. Teilen, tauschen oder mieten anstatt zu kaufen ist zugleich alte Kulturtechnik und neuer Trend.

Das unter anderem von BMW i Ventures finanzierte Unternehmen JustPark recherchiert mit dem „Sharing Economy Index" eine Liste von Angeboten: knapp 900 Einträge sind aktuell in Kategorien wie „leihen", „kaufen", „tauschen" und „teilen" aufgelistet (JustPark 2017). Eine Studie der Beratungsgesellschaft PwC

Abb. 5.2   Digitaler Kofferanhänger von Rimowa

kommt zu dem Ergebnis, dass bereits mehr als 80 % der unter 30-jährigen Deutschen von einem Sharing-Angebot Gebrauch gemacht haben und dass sich das Teilen und Leihen als Alternative zum Kauf weiter verbreiten wird – über alle Altersgruppen hinweg: Mehr als 60 % der Befragten gaben an, künftig Angebote aus der Sharing Economy nutzen zu wollen (PwC 2015). Das 2011 von BMW und Sixt gegründete Unternehmen DriveNow vermietet seine Flotte an mehr als 500.000 Kunden in Europa, bietet damit in Großstädten eine Alternative zum eigenen Fahrzeug und reduziert als erwünschte Nebenwirkung die Berührungsängste gegenüber E-Mobilität.

Was bedeutet das für Sie?
- Wandern Kunden ab, weil sie Ihre Produkte nicht mehr besitzen möchten?
- Können Sie Ihre Erlösmodelle umstellen? Welche und um welchen Preis?
- Welche Schlüsselressourcen benötigen Sie dann nicht mehr? Warum?

5.5 Digitalisierung von Produkten und Dienstleistungen

Unternehmen digitalisieren entweder bisher analoge Produkte wie Bücher und Musik und erzielen Einsparungen in Produktion, Lagerhaltung und Logistik oder nutzen Technologien wie 3-D-Druck, um physische Produkte entsprechend der Nachfrage herzustellen.

Die Handelsblatt-Verlagsgruppe bietet ein gutes Fallbeispiel für ein funktionierendes Muster: 2013 startete die Verlagsgruppe seine Live-App, die die auflagenstärkste deutschsprachige Wirtschafts- und Finanzzeitung durch einzelne digitale Artikel ergänzte. Mit dem Ausbau der Bezahl-Inhalte und der Weiterentwicklung von digitalen Angeboten konnte die Verlagsgruppe die Nutzung ihrer Online-Produkte steigern und neue Erlösströme erschließen. Mit dem 2014 eingeführten „Handelsblatt Digitalpass" wird den mehr als 30.000 Kunden neben der Mitgliedschaft im Wirtschaftsklub und Vorzugskonditionen bei Veranstaltungen der Zugang zu allen Bezahlartikeln, dem E-Paper, Handelsblatt Live, den Dossiers und dem Archiv gewährt. Mit der 2016 gestarteten Bezahl-App „Handelsblatt 10" wird die Flut an Nachrichten auf die zehn wichtigsten Themen reduziert, die täglich um 16,30 geliefert werden (TBO 2017). Die zehn Nachrichten sind aufeinander abgestimmt, bieten in aller Kürze einen umfassenden Überblick der Nachrichtenlage und entsprechen damit der eher begrenzten Lesezeit gestresster Bahngäste.

Was bedeutet das für Sie?
- Können Sie Teile Ihres Portfolios digitalisieren? Womit könnten Sie starten?
- Welche Kundensegmente könnten Sie auf digitale Produkte ‚umstellen'?
- Können Sie so bestehenden Kunden Mehrwert bieten und neue anziehen?

Wie Sie eine brauchbare Basis für künftige Geschäftsmodelle schaffen

Das Verständnis des eigenen Geschäftsmodells ist zugleich eine Herausforderung und einer der wichtigsten Aktivposten eines Unternehmens, egal ob Start-up oder etablierter Konzern. Bittet man jedoch Führungskräfte, das aktuelle Geschäftsmodell zu erklären, sind die meisten Antworten bestenfalls vage und haben mehr mit Unternehmensstruktur und Abläufen zu tun als mit der „Logik" des Geschäftes. Diese „Logik" hat sich seit der Industrialisierung immer wieder verändert, wurde angepasst, verworfen und neu entwickelt, doch mit aktuellen technischen und organisatorischen Möglichkeiten erhöhen sich Tempo und Druck auf die handelnden Personen und Organisationen.

Geschäftsmodelle sind keine Fixsterne, sondern müssen laufend an die Realität angepasst werden: Wettbewerber kommen hinzu, das eigene Portfolio ergänzende oder ersetzende Produkte tauchen auf, Teile des eigenen Dienstleistungsangebotes werden obsolet und mögliche Partner bieten neue Zugänge zu Interessenten und Kunden an und schaffen damit neue Erlösmodelle.

Es lohnt sich daher, die wesentlichen Bausteine des eigenen Geschäftsmodelles sowie des der wichtigsten Kunden und Partner regelmäßig zu überprüfen, zu optimieren und neu zu gestalten.

6.1 Das Business Model Canvas

Das von Alexander Osterwalder und Yves Pigneur entwickelte und im Bestseller „Business Model Generation" beschriebene Business Model Canvas hat sich seit 2009 zu Recht zu einem für sehr viele Branchen brauchbaren Standardformat, mit dem Geschäftsmodelle nachvollziehbar beschrieben werden können, entwickelt (Osterwalder und Pigneur 2010). Das in Abb. 6.1 gezeigte Business

© Springer Fachmedien Wiesbaden GmbH 2018

R. Ematinger, *Von der Industrie 4.0 zum Geschäftsmodell 4.0,*

essentials, https://doi.org/10.1007/978-3-658-19474-1_6

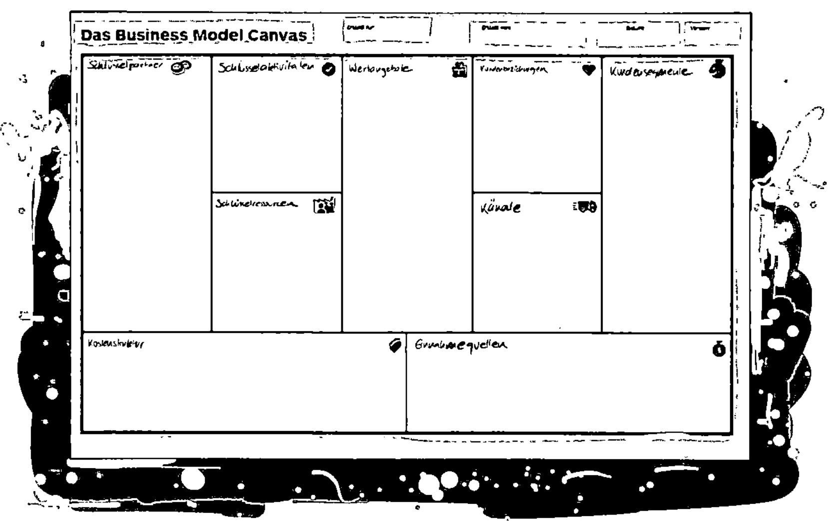

Abb. 6.1 Business Model Canvas

Model Canvas vermittelt einerseits Klarheit für eine Istanalyse des aktuellen Geschäftsmodells und bildet andererseits einen verständlichen Ausgangspunkt für Entwicklung, Diskussion, Validierung und Auswahl möglicher künftiger Geschäftsmodelle. Es basiert auf neun Bausteinen, die vier wichtige Bereiche einer Organisation – ob Start-up, Non-Profit-Organisation oder Konzern – abbilden:

- die wichtigsten Kunden,
- den greifbaren Nutzen des eigenen Angebotes,
- die notwendige Infrastruktur und
- die finanzielle Überlebensfähigkeit.

Das Business Model Canvas wird in der unten angeführten Reihenfolge mit den in Abb. 6.1 dargestellten neun Elementen bearbeitet. Die Bausteine 1 bis 5 bilden den dem Kunden zugewandten und für ihn wahrnehmbaren „Frontstage"-Bereich ab, die Bausteine 6 bis 9 bilden den im Hintergrund befindlichen „Backstage"-Bereich ab:

- Baustein 1 – die Kundensegmente: Hier werden die Rollen verschiedener Personen oder Gruppen in Organisationen, für die ein Unternehmen Nutzen schaffen will, skizziert. Es ist sinnvoll, Kunden in unterschiedliche Segmente zu unterteilen, wenn ihre Bedürfnisse individuelle Angebote erfordern, sie über unterschiedliche Vertriebskanäle erreicht werden, sie unterschiedliche Arten an Beziehungen erfordern, ihr Kaufverhalten und ihre Preissensitivität unterschiedlich sind, ihre Investitionsbereitschaft oder ihr Wissen verschieden ist und sie für den Lieferanten unterschiedlich profitabel sind.
- Baustein 2 – die Wertangebote: Damit werden spezifische Probleme gelöst oder Bedürfnisse der jeweiligen Kundensegmente befriedigt, indem mit Produkten oder Dienstleistungen ein wahrnehmbarer Nutzen geschaffen wird. Ein Wertangebot an sich beschreibt niemals die Funktionalität von Produkten oder Dienstleistungen oder die Bestandteile eines Pflichtenheftes, sondern immer den tatsächlichen Nutzen für die Kunden.
- Baustein 3 – die Kanäle: Hier wird beschrieben, über welche Kommunikations-, Distributions- und Verkaufskanäle ein Unternehmen seinen Nutzen an seine zuvor definierten Kundensegmente kommuniziert und liefert. Auch hier steht der „gelieferte" Wert für Kunden und nicht das Produkt oder die Dienstleistung im Vordergrund.
- Baustein 4 – die Kundenbeziehungen: Dieser Baustein beantwortet die Frage, wie die Beziehungen, die ein Unternehmen mit den wichtigsten Kundensegmenten pflegt oder pflegen will, gestaltet sind. Unterschiedliche Varianten von individueller Betreuung über Communitys und Chat-Support bis zu keiner besonderen Unterstützung sind denkbar.
- Baustein 5 – die Erlösströme: Damit wird die Frage, für welchen Nutzen die einzelnen Kundensegmente zu zahlen bereit sind, beantwortet. Hier ist die Art der Einnahmen wesentlich, nicht etwa einzelne Beträge oder Summen, beispielsweise die Verrechnung einer Leistung pro Stunde oder Tag, der Verkauf eines Produktes pro tausend Einheiten, eine Flatrate oder sogar eine kostenfreie Leistung.
- Baustein 6 – die Schlüsselressourcen: Hier werden die wichtigsten materiellen und immateriellen Ressourcen, die zum Funktionieren des skizzierten Geschäftsmodells notwendig sind, beschrieben. Dazu können Maschinen und Anlagen, Gebäude, Rohmaterial ebenso gehören wie einzigartiges Wissen der Mitarbeiter, registrierte Patente, Markenrechte oder eine treue Kundenbasis.
- Baustein 7 – die Schlüsselaktivitäten: Dieser Baustein beinhaltet die wesentlichen Aktivitäten, die eine Organisation unternimmt, um den zuvor beschriebenen Nutzen für die wichtigsten Kundensegmente zu schaffen. In einer Start-up-Phase werden das andere Aktivitäten – wie Social Marketing, die

Suche nach Investoren und die Pflege der Pressekontakte – sein als in etablierten Unternehmen.

- Baustein 8 – die Schlüsselpartner: Damit wird das Netzwerk von Partnern, die zum Gelingen des Geschäftsmodells beitragen, beschrieben. Personen und Organisationen außerhalb der eigenen Organisation – wie Joint-Venture-Unternehmen, Lieferanten, Presse, Blogger, sogar Wettbewerber, die zum Gelingen des Geschäftsmodells benötigt werden – können mögliche aktuelle oder künftige Partner sein.
- Baustein 9 – die Kostenstruktur: Der letzte Baustein beschreibt die bei der Realisierung des Geschäftsmodelles aus Aktivitäten, Ressourcen und Partnerschaften entstehenden Kosten. Es ist für ein gemeinsames Verständnis des Geschäftsmodelles außerdem sinnvoll, zwischen variablen und fixen Kosten zu unterscheiden. Analog zu den Erlösströme ist die Art der Kosten wichtig, im Gegensatz zu den einzelnen Beträgen oder Summen.

Die vorgestellten Bausteine des Business Model Canvas bieten Unternehmen unterschiedlicher Branchen in unterschiedlichen Phasen eine brauchbare transparente Grundlage, um für ein gemeinsames Verständnis des aktuellen Geschäftsmodelles zu sorgen und einen Ausgangspunkt für künftige Szenarien zu schaffen.

Der Autor fordert Sie auf, Ihre Überlegungen zu den neun Bausteinen des Business Model Canvas' zu notieren, um diese Logik in das aktuelle und künftige Angebot Ihrer Organisation zu ‚übersetzen', und bietet Ihnen dazu jeweils fünf Fragen an.

Was bedeutet das für Sie?
Fünf Fragen zu Baustein 1 (Kundensegmente)

- Welche Kundensegmente sind für Sie besonders wichtig? Warum?
- Wer profitiert von Ihrem Angebot an Produkten oder Services besonders?
- Erreichen Sie tatsächlich die richtigen Ansprechpartner? Sicher?
- Welche unentdeckten Nischen, die für Sie attraktiv sein können, gibt es?
- Wie könnten Sie Ihre wichtigsten Zielmärkte anders segmentieren?

Fünf Fragen zu Baustein 2 (Wertangebote)

- Welchen konkreten Nutzen hat Ihr Angebot für die wichtigsten Kunden?
- Welche Probleme lösen Sie wir mit Ihren Produkten oder Services?

- Welchen zusätzlichen Nutzen würden ergänzende Angebote bieten?
- Was können Sie an Ihrem Angebot ändern, um den USP besser zu betonen?
- Wie könnten Sie Ihr Angebot an die wichtigsten Kundensegmente anpassen?

Fünf Fragen zu Baustein 3 (Kanäle)

- Wie gelangen Ihre Produkte oder Services zu Ihren wichtigsten Kunden?
- Wie erfahren Ihre Kunden von Ihren Angebot? Wo und wann?
- Transportieren Sie die Vorteile Ihres Angebotes verständlich?
- Wie könnten Sie Social Media ohne großen Aufwand sinnvoll nutzen?
- Wie einfach machen Sie es den wichtigsten Kunden, Ihr Angebot zu kaufen?

Fünf Fragen zu Baustein 4 (Kundenbeziehungen)

- Wie organisieren Sie die Beziehung zu Ihren Kunden möglichst effizient?
- Welche Art von Beziehung erwarten Ihre wichtigsten Kundensegmente?
- Sammeln Sie Referenzen von begeisterten Kunden? Wie tun Sie das?
- Welchen Bestandteil Ihrer Kundenbeziehungen können Sie automatisieren?
- Wie könnten wir unseren Kunden eine aktive Rolle bei uns geben?

Fünf Fragen zu Baustein 5 (Erlösströme)

- Wofür bezahlen Ihre Kunden eigentlich genau? Sind Sie sicher?
- Welche realistischen Optionen für Cross- und Upselling gibt es?
- Könnten Sie Ihren Kunden attraktivere Konditionen anbieten?
- Welche weiteren Erlösströme und -arten fallen Ihnen ein?
- Können und wollen Sie Preise von der Nachfrage abhängig machen?

Fünf Fragen zu Baustein 6 (Schlüsselressourcen)

- Denken Sie auch an nicht greifbare Ressourcen wie Rechte und Patente?
- Wie stellen Sie sicher, dass diese Ressourcen auf dem neuesten Stand sind?

- Wie groß ist Ihr Risiko, dass Ihre wichtigsten Ressourcen kopiert werden?
- Welche wichtigen Qualifikationen braucht es, um nicht stehen zu bleiben?
- Könnten Sie auf eine neue Weise von Ihren Schlüsselressourcen profitieren?

Fünf Fragen zu Baustein 7 (Schlüsselaktivitäten)

- Welche Ihrer Aktivitäten erzeugen den größten Mehrwert für Ihre Kunden?
- Welche Ihrer bisherigen Aktivitäten ist ein Hindernis für weiteres Wachstum?
- Welche Ihrer Aktivität verschlechtert die gewünschte oder geforderte Effizienz?
- Was sollten Sie weiterhin selbst tun, was auslagern oder einkaufen? Warum?
- An welchen Aktivitäten könnten Sie Ihre wichtigsten Kunden beteiligen?

Fünf Fragen zu Baustein 8 (Schlüsselpartner)

- Wer sind Ihre wichtigsten Partner? Warum? Was tun diese für Sie?
- Welchen Nutzen und Wert bieten Sie Ihren wichtigsten Partnern?
- Verstehen Ihre Partner die „Logik" Ihres Geschäftsmodelles? Sicher?
- Wie könnten alte und neue Partner helfen, neue Kunden zu erreichen?
- Von welchen Ihrer Partner sind Sie (zu) stark abhängig? Warum?

Fünf Fragen zu Baustein 9 (Kostenstruktur):

- Welche sind die größten Kostenblöcke in Ihrem Geschäftsmodell?
- Wie könnten Sie Kosten senken, ohne Ihre Leistungen zu reduzieren?
- Können Sie Fixkosten in variable Kosten ‚umwandeln'? Wie und wann?
- Wie und welche finanzielle Risiken können Sie reduzieren?
- Können Sie Skaleneffekte erzielen? Wie gehen Sie das an?

6.2   Verbindung zu Industrie 4.0

Um dem Kontext von Industrie 4.0 zu entsprechen und Themen der Geschäftsmodellinnovation in diese Szenarien zu übertragen, schlägt der Autor vor, die folgenden Spezifika in die Überlegungen einzubeziehen:

- Betrachten des Umfeldes einer Organisation: Die Schaffung von Wert versteht sich in Industrie-4.0-Szenarien sinnvollerweise nicht als Einbahn in Richtung Lieferant – eigenes Unternehmen – Kunde – Kunde des Kunden in den oben definierten Kundensegmenten. Unter anderem wird zugleich in mehreren Richtungen Wert für Kunden, für Kunden von Kunden und für Partner geschaffen, daher ist es notwendig, den Blick von der eigenen Organisation auf das gesamte Ökosystem zu erweitern.
- Ausweiten des Kundennutzens auf alle involvierten Partner: Im Einklang mit dem oben angeführten Punkt sollte beim Skizzieren neuer Geschäftsmodelle sichergestellt werden, dass die Interessen aller beteiligten Partner berücksichtigt sind. Da in Industrie-4.0-Szenarien in der Regel alle Stakeholder eine ausgesprochene oder unausgesprochene Motivation zum Aufbau und zur Erhaltung eines Netzwerkes haben, sollte der Nutzen für alle Beteiligten bei der Entwicklung umsetzbarer Geschäftsmodelle explizit festgehalten werden.
- Erfassen der Synergien für das gesamte Netzwerk: Eine bloße lineare Betrachtung der Schaffung und Erhaltung von Wert für Kunden und Partner ist in Industrie-4.0-Szenarien nicht sinnvoll. Auch dieser Punkt baut auf den vorigen auf – es ist notwendig, die Annahmen über Zusammenhänge, Abhängigkeiten und Synergien eher als Netz denn als Linie zu skizzieren und diskutieren.
- Einbeziehen von Daten als zusätzliche Schlüsselressourcen: Da die meisten Industrie-4.0-Szenarien die Erfassung und Verarbeitung riesiger Datenmengen einschließen, ist es zweckmäßig, diese Daten als zusätzliche Schlüsselressourcen zu betrachten. Einerseits können die erfassten Daten innerhalb bestehender Geschäftsmodelle zusätzlichen Kundennutzen schaffen und in zusätzliche Erlösströme für die Lieferanten übersetzt werden, andererseits können durch die Nutzung dieser Daten völlig neue Geschäftsmodelle geschaffen werden.
- Einbeziehen intelligenter Objekte als zusätzliche Schlüsselressourcen: Sowohl in Business-to-Consumer- als auch in Business-to-Business-Szenarien werden unzählige digital vernetzte intelligente Objekte – von Sensoren und RFID-Chips über Drohnen, 3-D-Drucker und Roboter bis zu autonomen Fahrzeugen – zunehmend Teil des Spielfeldes. Sie interagieren automatisch miteinander und mit Menschen und sie erzeugen, verarbeiten und verbinden digitale und sogar

physische Objekte. So schaffen sie zusätzlichen Nutzen für das vorher beschriebene Netzwerk und dessen Akteure und sollten daher bei der Diskussion künftiger Geschäftsmodelle als weitere wichtige Ressource betrachtet werden.

Wie Sie Bausteine Ihres Geschäftsmodells und Digitale Elemente zur Digitalen Matrix kombinieren

Um die oben besprochenen Spezifika von Geschäftsideen und -modellen im Kontext der Industrie 4.0 zu einer brauchbaren und verständlichen Struktur zu vervollständigen, Ist- und Soll-Situationen zu diskutieren und mögliche nächste Schritte der Umsetzung abzuleiten, ist es sinnvoll, die wichtigsten Bausteine eines Geschäftsmodells mit den Schlüsselelementen der Digitalisierung zu verbinden.

Die folgenden drei Elemente bilden wie in Abb. 7.1 dargestellt die vertikale Achse der Digitalen Matrix:

- Element 1 – vernetzte Menschen: Die Menschen in der digitalen Wirtschaft sind gut informiert und nutzen digitale Anwendungen ganz selbstverständlich auf unterschiedliche Weise. Stationäre und mobile Computer, Smartphones oder Smartwatches verbinden sie mit anderen Personen über Online-Communitys und soziale Netzwerke. Dabei hinterlassen sie als Kunden digitale Spuren in Form von Daten und bilden somit die Grundlage vieler digitaler Geschäftsprozesse und -modelle. In der Industrie 4.0 geben sie in verantwortlichen Rollen Impulse, um Innovationen in ihren Organisationen zu fördern: Sie transformieren das existierende Geschäft durch den Einsatz digitaler Technologien und helfen dabei, neue Erlösquellen zu erschließen. Sie bringen Anstöße aus fremden Branchen ein, fokussieren sich abseits von Produkten und Dienstleistungen auf den Kundennutzen und stellen die aktuellen Geschäftsmodelle auf den Prüfstand.
- Element 2 – intelligente Objekte: Waren Objekte in der Vergangenheit eher dumm, sind sie nun zunehmend Teil der digitalen Welt und interagieren, wie im Abschnitt „Fakt zu Internet of Things" beschrieben, intelligent mit Menschen, der Organisation oder anderen Objekten. Intelligente Objekte sind in

© Springer Fachmedien Wiesbaden GmbH 2018   29
R. Ematinger, *Von der Industrie 4.0 zum Geschäftsmodell 4.0,*
essentials, https://doi.org/10.1007/978-3-658-19474-1_7

Abb. 7.1 Drei Digitale Elemente

der Regel mit Sensoren ausgestattet, produzieren Daten und verfügen teilweise über eine eigene Anwendungslogik. Sie sind in der Lage, im jeweiligen B2C-Kontext automatisch auf Ereignisse oder andere intelligente Objekte (wie Smartphones von Kunden) zu reagieren. In der Industrie 4.0 zählen wir unter anderem Roboter, Drohnen, autonome Fahrzeuge und Bestandteile der Digitalen Produktion wie 3-D-Drucker, die Nutzen durch den automatischen Austausch von Informationen schaffen, dazu. Im Abschnitt „Warum wir ein neues Verständnis von Prozessen brauchen" beschrieb der Autor bereits mögliche Einsätze intelligenter Objekte und deren Nutzen.

- Element 3 – Dienste und Daten in der Cloud: Wir verstehen die öffentliche, unternehmensinterne oder private Cloud sowie ihre Dienste und verarbeiteten Daten für unsere weitere Betrachtung weniger als technologische Infrastruktur, sondern als wertschöpfende Dienstleistung. Hier wird Wert geschaffen, der in das Geschäftsmodell „einzahlt", da sich Menschen und intelligente Objekte in Echtzeit digital verbinden, Daten sammeln und austauschen und, in Verbindung mit physischen Objekten oder ausschließlich digital, Informationen generieren. Für unsere Betrachtung verwenden wir Big Data und Smart Data synonym. Bei Big Data handelt es sich um „große Datenmengen aus vielfältigen Quellen mit einer hohen Verarbeitungsgeschwindigkeit", Smart Data geben „Anwendern die Möglichkeit (...), aus einer potenziell sehr großen und heterogenen Masse von Daten genau die Daten zu selektieren, die für den jeweils aktuellen Kontext relevant sind" (Bitkom 2015; Memmel 2015).

Die fünf „Fronstage"-Bausteine des im Abschn. 6.1 beschriebenen Business Model Canvas nach Osterwalder bilden, wie die folgende Abb. 7.2 zeigt, die horizontale Achse der Digitalen Matrix:

- Baustein 1 – Kundensegmente: Hier werden die Rollen der für das Digitale Geschäftsmodell wichtigsten Personen definiert. Ein Maximum von fünf Kundensegmenten ist für eine erste Betrachtung völlig ausreichend.

Abb. 7.2   Fünf Bausteine des Geschäftsmodells

Der Instandhaltungsleiter und die Produktionscontrollerin eines Chemiekonzerns sind Kundensegmente, die für das Angebot eines Messtechnik-Herstellers insofern spannend sind, da sie beide an der Digitalisierung von Messergebnissen und unternehmensübergreifendem Austausch von Daten interessiert sind.

- Baustein 2 – Wertangebote: Hier wird der für die zuvor definierten Kundensegmente wesentliche Nutzen im Kontext des Digitalen Geschäftsmodells skizziert. Auch wenn sich Einträge überschneiden können, ist pro Kundensegment mindestens ein Wertangebot notwendig. Das Versprechen an Anlagenbetreiber, Prozessparameter überwachen zu können, ist Funktionalität, ebenso wie die Option, Abnutzungen durch Korrosion oder Ablagerung rechtzeitig erkennen zu können. Erst durch die damit verbundene Effizienzsteigerung in der Produktion ergibt sich ein greifbarer Nutzen für die jeweiligen Kundensegmente, nämlich konkrete Kosteneinsparungen oder höhere Verfügbarkeit der Anlagen.
- Baustein 3 – Kanäle: Hier werden die analogen und digitalen Kommunikations-, Distributions- und Verkaufskanäle eines Unternehmens beschrieben. Auch hier ist pro Kundensegment mindestens ein relevanter Kanal notwendig. Unternehmen, die in eigene hoch qualifizierte Vertriebsmannschaften investieren, die den Kontakt zu Kunden engagiert pflegen und intensivieren, verstehen die Metriken, nach denen ihre Kunden Ergebnisse und Erfolg messen, und werden eher als echte Partner wahrgenommen als Anbieter, die lediglich anonymen Support anbieten und mit externen Agenten arbeiten.
- Baustein 4 – Kundenbeziehungen: Hier werden die Beziehungen, die ein Unternehmen mit den zuvor definierten Kundensegmenten unterhält, beschrieben. Pro Kundensegment sollte mindestens eine Art der Beziehung genannt werden. Account Manager, die große Industriekunden langfristig betreuen und an partnerschaftlicher Zusammenarbeit, gemeinsamer Weiterentwicklung des Angebotes oder Entwicklung eines Industriestandards interessiert sind, können wesentliche Beiträge für den gemeinsamen ‚Bau' neuer digitaler Geschäftsmodelle liefern.

- Baustein 5 – Erlösströme: Hier wird die Art der Einnahmen für die jeweiligen Kundensegmente beschrieben. Es ist nicht notwendig und manchmal auch nicht möglich, für jedes Kundensegment einen Erlösstrom zu definieren. Lediglich die Nutzung von Werkzeugen zu bezahlen kann für Kunden im Baugewerbe ein interessanteres Modell sein als einen Maschinenpark zu besitzen, da initiale Kosten und Aufwendungen für Reparaturen wegfallen und monatliche Fixkosten besser kalkulierbar sind: Nur ein Beispiel für die ‚Übersetzung' von Geschäftsmodellmustern über Branchengrenzen hinweg.

7.1   Die Digitale Matrix

Die in Abb. 7.3 dargestellte Digitale Matrix setzt nun die fünf Bausteine des Geschäftsmodells in eine sinnvolle Beziehung zu den drei Schlüsselelementen der Digitalisierung: Vernetzte Menschen, intelligente Objekte sowie Dienste und Daten in der Cloud als vertikale Achse werden nun mit Kundensegmenten, Wertangeboten, Kanälen, Kundenbeziehungen und Erlösströme als horizontale Achse verbunden.

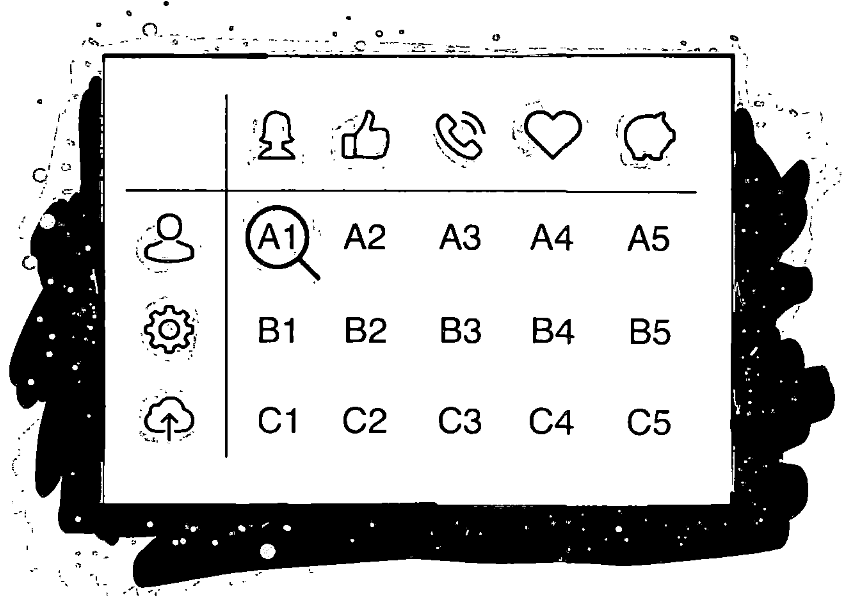

Abb. 7.3 Digitale Matrix, Beispiel des Feldes „A1: Kundensegmente – vernetze Menschen"

Der Autor nennt und beschreibt die wesentlichen „Generatoren", die zusätzlichen Nutzen im Kontext digitaler Geschäftsprozesse und -modelle schaffen, nennt Beispiele und fordert Sie wieder auf, Ihre Gedanken zu den jeweils drei Fragen zur ‚Übersetzung' in das aktuelle und künftige Angebot Ihrer Organisation zu notieren. Diese Fragen können in einem Buch dieses Umfanges nur generisch und von der Industrie und ihren Spielregeln, der Region und den Kunden, für die Sie tätig sind, unabhängig sein. Daher bittet der Autor um Verständnis, wenn die eine oder andere Frage auf den ersten Blick wenig relevant für Ihr aktuelles Angebot erscheint. Vielleicht lohnt es sich gerade bei diesen Fragen, genauer hinzusehen und ihnen eine Chance zu geben, für die Entwicklung Ihres künftigen Angebotes nützlich zu sein.

Kundensegmente und vernetzte Menschen (Feld A1)
Bestehende und neue Kunden werden dank Smartphones mobil und „digital", Communitys im Netz können als eines oder mehrere Kundensegmente betrachtet werden. Kunden können durch Bündelung ihrer Einkäufe günstigere Konditionen erhalten. Apps wie Parkmobile machen es möglich, Smartphones in mehreren Städten zum Bezahlen der Parkgebühren zu nutzen und der B2B-Marktplatz Ariba erlaubt es Unternehmen, auf einfache Weise mit unterschiedlichen Partnern in unterschiedlichen Regionen zusammenzuarbeiten.

> **Was bedeutet das für Sie?**
> - Welche neuen Kundensegmente können Sie mit mobilen Geräten und Anwendungen adressieren?
> - Welche Informationen können Sie durch die Nutzung digitaler Technologien zusätzlich gewinnen?
> - Ist es sinnvoll, preissensiblen Kunden eine Bündelung von Käufen zu ermöglichen? Was macht das mit Ihrer Marke?

Kundensegmente und intelligente Objekte (Feld B1)
Intelligente Objekte können autonom Dienstleistungen in Anspruch nehmen und werden so zu „Kunden". Budweiser stellte 2015 mit dem Bud-E-Fridge in den USA einen vernetzten Kühlschrank vor, der auf Knopfdruck für Biernachschub sorgt und Bescheid gibt, wann das gelagerte Bier die optimale Trinktemperatur erreicht hat.

Was bedeutet das für Sie?
- Können und sollen intelligente Objekte Dienstleistungen autonom „bestellen"?
- Wie „erreichen" Sie intelligente Objekte mit maßgeschneiderten Abo-Angeboten?
- Können diese intelligenten Objekte Dienstleistungen an andere intelligente Objekte oder Menschen weiterempfehlen?

Kundensegmente und Dienste und Daten in der Cloud (Feld C1)

Bisher können regionale Angebote von Unternehmen dank Digitalisierung von Produkten und Dienstleistungen dem Kunden direkt und global angeboten werden. Der Onlinehändler geileweine.de tritt mit dem Anspruch an, vom ersten Kontakt im Shop bis zum Genießen des Produktes das beste Einkaufserlebnis mit den besten (regionalen) Weinen zu bieten und sortiert sein Angebot nach Momenten und Anlässen für den perfekten Wein.

Was bedeutet das für Sie?
- Welche neuen Kundensegmente können Sie mit welchem Aufwand bis wann erreichen?
- Wie könnten Sie Ihre bestehende Kundenbasis mit nützlichen Cloud-Diensten erweitern?
- Sind Anpassungen Ihres Angebotes, beispielsweise abhängig von Region, rechtlichen Rahmenbedingungen oder Kundensegment, dafür notwendig?

Wertangebote und vernetzte Menschen (Feld A2)

Kunden lernen aus den Erfahrungen anderer Kunden, da sie sich schnell einen umfassenden Überblick über deren Meinungen zu Produkten und Dienstleistungen verschaffen können. Das generiert auch für Onlinehändler wie Amazon Mehrwert, da dank dieser Bewertungen mehr Interessenten Sicherheit in ihrer Entscheidung gewinnen und zu Käufern werden. Die über LinkedIn hergestellten digitalen Verbindungen von Personen und Unternehmen schaffen oft Mehrwert für beide Seiten und können in neuen Vernetzungen, Produkten oder Dienstleistungen resultieren. Der deutsche Online-Service ProvenExpert.com stellt fest, dass Empfehlungen zufriedener Kunden der beste Weg sind, um Dienstleistungen erfolgreich zu vermarkten, und bietet anpassbare Vorlagen für Kundenbewertungen in unterschiedlichen Branchen an.

Was bedeutet das für Sie?
- Wie können Sie direkte Verbindungen zu Interessenten und Kunden schaffen, um direkte Rückmeldungen zu Ihrem Angebot zu erhalten?
- Wie könnte durch die Verbindungen Ihrer Kunden untereinander zusätzlicher Nutzen gestiftet werden?
- Welche für Ihre Kunden attraktiven neuen Produkt- und Serviceangebote können Sie durch die Vernetzung verschiedener Anbieter – eventuell sogar Wettbewerber – schaffen?

Wertangebote und intelligente Objekte (Feld B2)
Intelligente Objekte machen es einfacher, die für eine im Sinne des Kunden optimale Lösung notwendigen Daten zu sammeln und zu verarbeiten. Die Magenta-Smarthome-Lösung der Deutschen Telekom schafft nicht nur für Kunden, sondern durch die herstellerübergreifende Plattform Qivicon auch für das Partner-Netzwerk Nutzen.

Was bedeutet das für Sie?
- Welche intelligenten Objekte sind aktuell und möglicherweise künftig für die jeweiligen Branchen Ihrer Kunden und für Sie relevant?
- Wie könnten Sie die Interaktion mit intelligenten Objekten so gestalten, dass sie von Ihren Kunden als angenehm empfunden wird?
- Wie können Sie intelligente Objekte in Ihr bestehendes Produkt- oder Serviceportfolio integrieren?

Wertangebote und Dienste und Daten in der Cloud (Feld C2)
Die Digitalisierung „dematerialisiert" bisher physische Produkte und sorgt dafür, dass sich das Angebot an der aktuellen Nachfrage orientieren kann. Cloud-basierte Netzwerke stiften durch Teilen von Daten und Kombination von Dienstleistungen – auch der kooperierender Anbieter – zusätzlichen Nutzen für ihre Kunden. Anbieter wie der als Online-Videothek gegründete Filmverleiher und -produzent Netflix liefert „on demand", indem er Inhalte per Streaming für seine Abonnenten zugänglich macht. Anbieter wie Apple Pay oder Paydirekt,

ein Gemeinschaftsprojekt der deutschen Banken, integrieren den Bezahlvorgang in Läden und Onlineshops so, dass der Ablauf aus Kundenperspektive sicher, schnell und einfach funktioniert.

Was bedeutet das für Sie?
- Welchen tatsächlichen Nutzen bietet ein digitales Produkt für Sie und für Ihre wichtigsten Kunden und was ist der Mehrwert gegenüber einem physischen Produkt?
- Skaliert Ihr Angebot mühelos oder sind substanzielle Investitionen in zusätzliche Ressourcen notwendig?
- Welche Aktivitäten müssen Sie unternehmen, um individualisierte Angebote für Ihre wichtigsten Kundensegmente zu schaffen?

Kanäle und vernetzte Menschen (Feld A3)

Bestehende Kommunikations- und Verkaufskanäle zwischen Lieferanten und Kunden werden durch intuitiv gestaltete digitale Schnittstellen und Oberflächen ergänzt und erweitert. Unternehmen können ihre Kommunikation mit den Communitys maßgeschneiderter und zielsicherer gestalten. Plattformen wie LinkedIn und XING bieten Partnern wie Recruitern die in den Profilen enthaltenen Informationen ihrer Nutzer an, ähnlich wie B2B-Online-Marktplätze Angebot und Nachfrage verbinden.

Was bedeutet das für Sie?
- Wie können Sie über bestehende mobile Geräte einen für Ihre wichtigsten Kunden attraktiven Zugang zu Ihrem Angebot bieten?
- Wie ergänzen oder schaffen Sie mit aktuellen Entwicklungen wie Augmented Reality neue Kanäle zu Ihren wichtigsten Kundensegmenten?
- Was tragen die Profildaten der Nutzer professioneller Plattformen zu einer zielgerichteten Kommunikation zwischen Ihren Kunden und Ihnen bei?

Kanäle und intelligente Objekte (Feld B3)

Intelligente Objekte offerieren Lieferanten ergänzende Zugänge, um ihren Kunden Produkte und Dienstleistungen anzubieten, zu verkaufen und zu liefern. Da intelligente Objekte immer unabhängiger von Anwendern werden, sparen sie deren Zeit, machen beispielsweise Wartungen planbar und sorgen für maximale Verfügbarkeit der Produkte und Dienstleistungen. Das deutsche Unternehmen symmedia bietet einen intelligenten Ersatzteilshop, über den Produktionsanlagen mit dem Hersteller der Maschinen vernetzt sind. Auf Basis von Maschinendaten wird ein Warenkorb mit Bestellvorschlägen automatisch angelegt und Originalersatzteile können mit einem Klick bestellt werden.

Was bedeutet das für Sie?
- Wie können Sie intelligente Objekte zu zusätzlichen Kanälen zu Ihren bestehenden B2C- und B2B-Kunden werden?
- Wie können Sie durch automatisierten Datenaustausch zwischen intelligenten Objekten und Maschinen neue Kunden gewinnen und neue Erlösströme generieren?
- Wie könnten Sie den Nutzen für Ihre bestehende Kunden mit aktuellen und neuen Kanälen erhöhen?

Kanäle und Dienste und Daten in der Cloud (Feld C3)

Unternehmen können ihre Produkte und Dienstleistungen unabhängig vom Standort ihrer B2C- und B2B-Kunden rund um die Uhr zielgerichtet bewerben und anbieten. Maßgeschneiderte Angebote werden durch Sammeln und Korrelieren historischer Kundendaten mit externen Daten ebenso möglich gemacht wie ein effizienterer Einsatz von Ressourcen und eine höhere Produktivität. Online-Plattformen wie eBay und die Scout24-Familie machen Märkte transparenter und für Anbieter und Nachfrager oft effizienter.

Was bedeutet das für Sie?
- Wie könnten Sie Kanäle digitalisieren, um mit Ihren Kunden intensiver und unabhängig von Ort und Zeit zu kommunizieren?
- Wie lassen sich digitale Plattformen als zusätzliche Kanäle nutzen, um Ihre wichtigsten Kundensegmente zu erreichen?
- Welche digitalen Technologien machen es Ihnen möglich, Produkte und Dienstleistungen möglichst effizient an Ihre Kunden zu liefern?

Kundenbeziehungen und vernetzte Menschen (Feld A4)

Die Interaktion mit individuellen Kunden und Communitys mittels digitaler Technologien sichert Lieferanten ein besseres Verständnis für deren Bedürfnisse und Erwartungen. Der Austausch in sozialen Netzwerken hilft, aus Interessenten Kunden zu machen, Abwanderung zu begrenzen und Zufriedenheit mit Produkten und Dienstleistungen zu steigern. Airbnb bietet einen Community-Marktplatz, auf dem Menschen Unterkünfte online inserieren, entdecken und buchen können und die Community des Softwareherstellers Workday versorgt Implementierungspartner mit exklusiven Informationen von Experten und ermöglicht Kunden den Austausch von Erfahrungen.

Was bedeutet das für Sie?
- Wie können Sie soziale Netzwerke sinnvoll nutzen werden, um Wünsche, Bedürfnisse und Erwartungen Ihrer bestehenden Kunden besser zu verstehen?
- Helfen professionelle Online-Communitys, neue Kunden zu finden und die Abwanderung von Kunden zu reduzieren?
- Kann der Wert Ihres Angebotes für Ihre bestehende Kunden durch soziale Netzwerke erhöht werden?

Kundenbeziehungen und intelligente Objekte (Feld B4)

Mit der Nutzung intelligenter Objekte etablieren Kunden erste Beziehungen mit Lieferanten, deren Anwendungen – wenn diese beispielsweise für ein Gerät maßgeschneidert sind – oft ein guter Einstieg in eine Kundenbeziehung sind. Das macht es für Wettbewerber schwieriger, ihr Angebot zu platzieren. Gewonnene Daten ermöglichen es Lieferanten, das Verhalten ihrer Interessenten und Kunden besser kennenzulernen und passendere Angebote zu unterbreiten. Apple gelingt es mit der nahtlosen Integration von Hardware, Betriebssystem und Anwendungen, Nutzer zum Kaufen weiterer Hardware und Software zu motivieren.

Was bedeutet das für Sie?
- Wie können Sie neue Kunden mithilfe intelligenter Objekte gewinnen?
- Wie unterstützen die von Ihren Kunden bereits genutzten Geräte den Verkauf weiterer Dienstleistungen?
- Welche Bestandteile intelligenter Objekte helfen, den von Ihrer Kunden im Moment wahrgenommenen Nutzen zu vergrößern?

Kundenbeziehungen und Dienste und Daten in der Cloud (Feld C4)

Digitale Services in der Cloud unterstützen Lieferanten dabei, ihre Kunden zu halten und für weitere Angebote zu interessieren. Sie können damit Kunden zur richtigen Zeit, am richtigen Ort und mit den für sie relevanten Botschaften ansprechen. Partnerunternehmen von Star Alliance und von Payback – laut TNS Emnid die dritte Karte im Portemonnaie deutscher Kunden – nutzen den Austausch von Kundendaten, um die Bindung ihrer Kunden zu vergrößern, ihre Marken zu kommunizieren und höhere Erlöse zu erzielen (Payback 2017).

> **Was bedeutet das für Sie?**
> - Wie können Sie die Zufriedenheit Ihrer bestehenden Kunden durch den Einsatz digitaler Dienstleistungen steigern?
> - Wodurch kann die Akzeptanz Ihrer Kunden für das Sammeln und Verarbeiten der Daten eventuell gesteigert werden?
> - Inwiefern können digitale Technologien Ihre bestehenden Kunden bei der Nutzung Ihrer Produkte unterstützen und neue interessante Kunden anziehen?

Erlösströme und vernetzte Menschen (Feld A5)

Einnahmen werden durch die Kontrolle des Zuganges zu Communitys, Netzwerken und digitalen Plattformen und durch Nutzung von Daten individueller Kunden und Unternehmen generiert. Der Taxi-Dienst Uber erzielt seine Einnahmen in mittlerweile über 500 Städten durch die Kontrolle des Zuganges für Lieferanten mittels seiner Partner-App [35] und ist wie Airbnb und LinkedIn ein gutes Beispiel für ein Plattform-Geschäftsmodell, das Anbietern und Nachfragern Nutzen bietet (Uber 2017).

> **Was bedeutet das für Sie?**
> - Wie können Sie mit neu geschaffenen digitalen Verbindungen von Menschen und Organisationen kontinuierliche Erlösströme generieren?
> - Was wäre der konkrete zusätzliche Nutzen digitaler Verbindungen von Unternehmen für Sie?
> - Welche Preismodelle sind attraktiv genug für Ihre Kunden und Partner und interessant genug für Sie?

Erlösströme und intelligente Objekte (Feld B5)

Intelligente Objekte und deren Nutzen für zuvor identifizierte Kundensegmente erlauben es Anbietern, zusätzliche Erlösströme zu eröffnen. Um digitale Dienstleistungen erweitere Produkte wie das HILTI-Flottenmanagement bieten Kunden neben Flexibilität und Transparenz eine vereinfachte Budgetierung und Finanzplanung. Philips erlöst mit Produkten wie Hue White Ambiance Premiumpreise und macht es Kunden einfach, diese zu installieren und zu bedienen (Hilti 2017 und Philips 2017).

Was bedeutet das für Sie?
- Welche Ihrer bisherigen Erlösmodelle können durch die Monetarisierung intelligenter Objekte abgelöst werden?
- Können intelligente Objekte durch Interaktion mit Ihren Interessenten und Kunden eventuell neue Erlösströme generieren?
- Wie kann ein für Ihre Kunden transparentes und nachvollziehbares Erlösmodell gestaltet werden?

Erlösströme und Dienste und Daten in der Cloud (Feld C5)

Digitale Dienstleistungen sorgen rund um die Uhr und unabhängig vom Standort der B2C- und B2B-Kunden für Erlöse. Abo-Modelle wie das oben beschriebene Angebot des Handelsblatts oder Pay-per-Use-Modelle – bei denen Kunden nur die jeweilige Nutzung verrechnet wird – bieten den Vorteil, dass weder Anschaffungskosten noch Kapitalbindung anfallen. Apple sorgt mit seinen Anwendungen iTunes und AppStore für regelmäßige Erlöse aus Downloads, Amazon bietet mit dem Online-Dienst Amazon Web Services seinen B2C- und B2B-Kunden ungenutzte und skalierbare Rechnerkapazitäten gegen nutzungsabhängige Zahlung an.

Was bedeutet das für Sie?
- Welche spezifischen Vorteile bieten Pay-per-Use-Modelle für Ihre aktuellen Kundensegmente?
- Welche Rahmenbedingungen und Parameter für die Umstellung auf diese Modelle wären für Ihre Kunden – und für Sie – akzeptabel?
- Wie können digitale Dienste zur Skalierung Ihres bestehenden Geschäftsmodells beitragen?

Zusammenfassung 8

Der Digitale Wandel sorgt in der Industrie für eine der größten Transformationen, die es seit der dritten industriellen Revolution in den 1970er-Jahren gab, und für einen riesigen Paradigmenwechsel, der bereits jetzt Turbulenzen und Chancen mit sich bringt und weiterhin bringen wird. Um in dieser Transformation auf Sicht zu fahren, die veränderten Spielregeln für sich zu nutzen, Prozesse sinnvoll zu adaptieren und aktuelle und künftige Geschäftsmodelle bearbeitbar zu machen, ist eine sinnvolle Mischung aus bewährten und neuen Werkzeugen notwendig.

Das Business Model Canvas unterstützt Organisationen in der Vorbereitung auf künftige Herausforderungen, indem es einen nachvollziehbaren Ausgangspunkt für Entwicklung, Diskussion, Validierung und Auswahl möglicher künftiger Geschäftsmodelle bietet. Die vorgestellten digitalen Elemente – vernetzte Menschen, intelligente Objekte, Dienste und Daten in der Cloud – berücksichtigen die Spezifika von Geschäftsprozessen und -modellen im Kontext der Industrie 4.0 und machen die Zusammenhänge transparent. Die Digitale Matrix verbindet die Bausteine eines Geschäftsmodelles mit den Schlüsselelementen der Digitalisierung zu einem brauchbaren Rahmen, blickt mit relevanten Fragen über den Tellerrand und bietet so einen Rahmen für die Umsetzung von Ideen in Geschäftsprozesse und -modelle, die Kunden und Lieferanten nützen.

© Springer Fachmedien Wiesbaden GmbH 2018
R. Ematinger, *Von der Industrie 4.0 zum Geschäftsmodell 4.0,*
essentials, https://doi.org/10.1007/978-3-658-19474-1_8

Was Sie aus diesem *essential* mitnehmen können

- Reale und aktuelle Beispiele, die Ihnen brauchbare Impulse zur Nutzung der veränderten Spielregeln und zum Entdecken von Mustern für neue Geschäfts- und Erlösmodelle geben.
- Jeweils fünf vielversprechende Muster von Geschäftsprozessen und Geschäftsmodellen samt Anwendungsbeispielen, die Ihnen Anstöße für Gedanken über Ihr aktuellen und künftigen Angebotes bieten.
- Erprobte Werkzeuge wie das Business Model Canvas und die Digitale Matrix, mit denen Sie Geschäftsmodelle skizzieren und diskutieren und die Entwicklungen der Industrie 4.0 für sich und Ihre guten Ideen nutzen.
- Nicht zuletzt die von Ihren auf die Fragen in den „Was bedeutet das für Sie?" Kästen notierten Antworten, die Sie beim Gelingen des Transfers in die Realität Ihrer Organisation unterstützen.

© Springer Fachmedien Wiesbaden GmbH 2018
R. Ematinger, *Von der Industrie 4.0 zum Geschäftsmodell 4.0,*
essentials, https://doi.org/10.1007/978-3-658-19474-1

Literatur

Bargs-Stahl, Evelyn. 2016. Selbstlernende Systeme – Lebensmittelindustrie 4.0. idw-online.de/de/news651070. Zugegriffen: 06. Aug. 2017.

Bitkom. 2015. Big Data und Geschäftsmodell-Innovationen in der Praxis – 40+ Beispiele. www.bitkom.org/Publikationen/2015/Leitfaden/Big-Data-und-Geschaeftsmodell-Innovationen/151229-Big-Data-und-GM-Innovationen.pdf. Zugegriffen: 06. Aug. 2017.

Business Insider. Consumer and Office Robot Market. 2014. intelligence.businessinsider.com/consumer-and-office-robot-market-2014-5. Zugegriffen: 06. Aug. 2017.

Cao, Jing, und Cortez, Michelle. 2016. IBM Extends Health Care Bet With Under Armour, Medtronic. www.bloomberg.com/news/articles/2016-01-07/ibm-extends-reach-into-health-care-with-under-armour-medtronic. Zugegriffen: 06. Aug. 2017.

Chesbrough, Henry. 2010. Business Model Innovation – Opportunities and Barriers. *Long Range Planning* 43 (2): 354–363.

Christ, Ginger. 2014. 2013 IW Best Plants Winner: Harley-Davidson – Driving a Future of Excellence. www.industryweek.com/iw-best-plants/2013-iw-best-plants-winner-harley-davidson-driving-future-excellence. Zugegriffen: 06. Aug. 2017.

European Design. 2017. Illustration nach einer Bildschirmkopie der App. https://europeandesign.org/submissions/swarovski-crystal-collection-app-for-b2b/. Zugegriffen: 06. Aug. 2017.

Finch, Jeremy. 2015. What is Generation Z. www.fastcoexist.com/3045317/what-is-generation-z-and-what-does-it-want. Zugegriffen: 06. Aug. 2017.

Goodwin, Tom. 2015. The Battle Is For The Customer Interface. www.techcrunch.com/2015/03/03/in-the-age-of-disintermediation-the-battle-is-all-for-the-customer-interface. Zugegriffen: 06. Aug. 2017.

Hilti. 2017. Konzentrieren Sie sich auf Ihr Kerngeschäft – wir kümmern uns um Ihre Geräteflotte. www.hilti.de/content/hilti/E3/DE/de/services/tool-services/fleet-management.html. Zugegriffen: 06. Aug. 2017.

IBM. 2010. IBM Global CEO Study 2010. www-935.ibm.com/services/de/ceo/ceostudy2010. Zugegriffen: 06. Aug. 2017.

IBM. 2015. Effizienz schlägt Vielfalt-Industrie 4.0 gelingt schrittweise. www-01.ibm.com/common/ssi/cgi-bin/ssialias?subtype=WH&infotype=SA&htmlfid=IDW12349DEDE&attachment=IDW12349DEDE.PDF. Zugegriffen: 06. Aug. 2017.

Innocentive. 2017. In the News. www.innocentive.com/in-the-news. Zugegriffen: 06. Aug. 2017.

Intel. Guide to IoT Infographic. 2015. www.intel.com/content/dam/www/public/us/en/images/iot/guide-to-iot-infographic.png. Zugegriffen: 06. Aug. 2017.

John Deere. 2017. John Deere Financial – Wir machen Produktivität erschwinglich. www.deere.de/de_DE/buying_and_financing/product_financing/agriculture_financing/agriculture_financing.page. Zugegriffen: 06. Aug. 2017.

JustPark. 2017. The Most Popular Ideas in the Sharing Economy. www.justpark.com/creative/sharing-economy-index.Z. Zugegriffen: 06. Aug. 2017.

Lufthansa. 2016. Lufthansa baut digitale Gepäckservice-Angebote aus. http://newsroom.lufthansagroup.com/de/meldungen/2016/q1/lufthansa-baut-digitale-gepaeckservice-angebote-aus.html. Zugegriffen: 06. Aug. 2017.

Martin, Richard. 2016. Tesla-SolarCity Success Depends on Battery Technology That Doesn't Yet Exist. www.technologyreview.com/s/601757/tesla-solarcity-success-depends-on-battery-technology-that-doesnt-yet-exist. Zugegriffen: 06. Aug. 2017.

Memmel, Martin. 2015. Mehrwert und Mehrwertgenerierung. In *Smart Data Geschäftsmodelle*, Hrsg. FZI Forschungszentrum Informatik, 7–9. Berlin

Mulholland, Andy. 2015. Internet of Things; what happens when 'sense' needs the 'respond' to come from an existing 'legacy' enterprise application? www.constellationr.com/content/internet-things-what-happens-when-sense-needs-respond-come-existing-legacy-enterprise. Zugegriffen: 06. Aug. 2017

Osterwalder, Alexander, und Yves Pigneur. 2010. *Business Model Generation – A Handbook for Visionaries, Game Changers, and Challengers*. Hoboken: Wiley.

Payback. 2017. Über Payback – Daten und Fakten. www.payback.net/de/ueber-payback/daten-fakten. Zugegriffen: 06. Aug. 2017.

Philips. 2017. Das smarte Lichtsystem für dein Zuhause. www.philips.de/c-m-li/hue-persoenliche-kabellose-beleuchtung/hue-white-ambiance. Zugegriffen: 06. Aug. 2017.

PwC. 2015. PwC-Studie: Share Economy. www.pwc.de/de/digitale-transformation/pwc-studie-share-economy.html. Zugegriffen: 06. Aug. 2017.

Ramge, Thomas. 2015. Die drei Zauberworte – Disruption, Plattform, Netzwerkeffekt, www.brandeins.de/archiv/2015/handel/disruption-plattform-netzwerkeffekt-die-drei-zauberworte-neue-wirtschaft. Zugegriffen: 06. Aug. 2017

Ripton, JT. 2015. The Small Business Guide to Alternative Financing, www.digitalistmag.com/smb/2015/02/09/the-small-business-guide-to-alternative-financing-02180329. Zugegriffen: 06. Aug. 2017.

Rolls-Royce. 2012. Rolls-Royce celebrates 50th anniversary of Power-by-the-Hour. www.rolls-royce.com/media/press-releases/yr-2012/121030-the-hour.aspx. Zugegriffen: 06. Aug. 2017.

Schwab, Klaus. 2016. The Fourth Industrial Revolution: what it means, how to respond. www.weforum.org/agenda/2016/01/the-fourth-industrial-revolution-what-it-means-and-how-to-respond. Zugegriffen: 06. Aug. 2017.

Smiley, Minda. 2016. 'It's only going to get bigger' – How Under Armour is planning to revolutionize the connected fitness space with the rise of wearables. www.thedrum.com/news/2016/03/10/its-only-going-get-bigger-how-under-armour-planning-revolutionize-connected-fitness. Zugegriffen: 06. Aug. 2017.

Solis, Brain. 2015. Disruptive Technology Trends 2015–2016. de.slideshare.net/briansolis/brand-innovators-2015-trends. Zugegriffen: 06. Aug. 2017.

Swarovski. 2017. Swarovski's Crystal Collection App. http://professional.swarovski.com/Portal.Node/content/crystals/collection/crystal_collection_app/Collection.en.html. Zugegriffen: 06. Aug. 2017.

TBO. 2017. (Handesblatt 10): Handesblatt 10 Award Winning App. tbointeractive.com/project/handelsblatt-10-app-fuer-iphone-und-android-smartphones. Zugegriffen: 06. Aug. 2017.

Tesla Team. 2016. Tesla Makes Offer to Acquire SolarCity. www.tesla.com/blog/tesla-makes-offer-to-acquire-solarcity. Zugegriffen: 06. Aug. 2017.

Uber. 2017. Sei dein eigener Boss. www.uber.com/de/drive. Zugegriffen: 06. Aug. 2017.

von Schoenebeck, Gudrun. 2015. Stahlbrücke in Amsterdam von Robotern ausgedruckt. www.ingenieur.de/Themen/3D-Druck/Stahlbruecke-in-Amsterdam-Robotern-Ort-ausgedruckt. Zugegriffen: 06. Aug. 2017.

Westermann, George, et al. 2016. The Digital Advantage – How digital leaders outperform their peers in every industry. www.capgemini.com/resource-file-access/resource/pdf/The_Digital_Advantage__How_Digital_Leaders_Outperform_their_Peers_in_Every_Industry.pdf. Zugegriffen: 06. Aug. 2017.

Zipkin, Nina. 2015. Here's What the Future of Work Looks Like to Millennials and Generation Z. www.entrepreneur.com/article/247115. Zugegriffen: 06. Aug. 2017